Victori

O, time...

Translated by Andrey Kneller

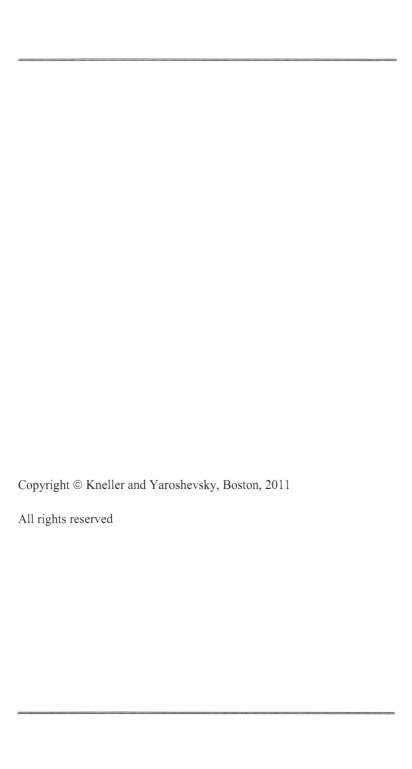

Also by Andrey Kneller:

Wondrous Moment: Selected Poetry of Alexander Pushkin

Evening: Poetry of Anna Akhmatova

Rosary: Poetry of Anna Akhmatova

White Flock: Poetry of Anna Akhmatova

Final Meeting: Selected Poetry of Anna Akhmatova

My Poems: Selected Poetry of Marina Tsvetaeva

Backbone Flute: Selected Poetry of Vladimir Mayakovsky

February: Selected Poetry of Boris Pasternak

The Stranger: Selected Poetry of Alexander Blok

Unfinished Flight: Selected Poetry of Vladimir Vysotsky

Discernible Sound: Selected Poetry

For Andre and Agata

Table of Contents

Victoria Roshe

Selected Poetry

***

О, время, сократившееся до
Тугих колец, сжимающих до боли
Почти физической, где каждый новый вздох
Короче предыдущего на долю
Секунды. Из таких секунд
Мне раньше удавалось строить башни.
Но время - хлыст, но время гибкий кнут
Ни зодчего, ни башни не щадящий.
Парадоксальное соотношенье мер:
Миг долог, краток век. Поспешно
Мелькают дни хвостами тусклых змей,
Спешащих вон из кожи надоевшей.
На книгу в триста шестьдесят страниц
Уходит год, а на стихотворенье
Уходит жизнь. А жизнь как взмах ресниц
Уходит за мгновенье, за мгновенье...

***

O, time, compacted into tight and rigid rings,
Compressing us with every small contraction,
A pain that seems so physical, it shrinks
Each breath that we inhale by a fraction
Of a second. But seconds, added up,
Were once enough for me to build high towers.
Time is a whip that never seems to stop
For neither architects nor their creative powers.
The paradox in their comparison unveils:
A moment is too long, a century - too brief.
These days are much like snakes that flash their tails,
And rush to shed the skin and feel relieved.
One needs a whole year to compose a three-
Hundred-sixty-five paged novel. For a poem,
One needs a life. But life is guaranteed
To flash by in a moment, in a moment...

***

Не говори о ней. Не смей дразнить судьбу
Пустыми разговорами о смерти.
Любой из нас окажется в гробу.
Но преждевременно стремиться в эти сети -
Кощунственно. Мысль сказанная вслух
Приобретает магию молитвы.
Поэтому молчи! Предчувствия золу
Не вороши. Пусть будет монолитным
Желанье жить. Наложенным табу,
Своею клятвою, что тверже всякой тверди,
Я сберегу тебя! Не смей дразнить судьбу
Пустыми разговорами о смерти!

***

Don't say it. Don't you mock your fate
With meaningless and empty talks of death.
Each one of us will end there, I'm afraid,
But it is blasphemous, when there is time still left,
To strive there prematurely. Verbalized,
Your thoughts attain the power of a prayer.
Therefore, keep silent and don't aggrandize
The ash of early premonition. May your
Desire to live on be firm. I vow
To keep you safe until your final breath!
But don't you dare to mock your fate right now
With meaningless and empty talks of death!

***

Позволишь ли дотронуться до губ?
Почувствовать под пальцами как вдох твой
Немного судорожней втягивает вглубь
Вдруг отчего то ставший плотным воздух.
И буквы гласные, что в имени моем
Ладонь на выдохе сожжут своим огнем.

***

Will you allow my hand to touch your lips?
As you inhale, with a mild shiver,
I'd like to feel it on my fingertips, -
The air around us suddenly seems thicker.
As you exhale, the vowels of my name
Engulf my fingers with a blazing flame.

***

Что может быть трагичней, чем гудки
Неотвечающего сутки телефона?
Что может быть трусливее руки,
Не разрешающей из горла рваться стону?

Как может быть предчувствие таким
Необратимо явственным, как если б
Приплелся ангел, что тебя хранил,
Зажег свечу и долго плакал в кресле...

***

What is more dreadful than the dial tone
Repeating from the telephone unanswered?
More spineless than the hand that won't
Allow a wail to escape uncensored?

How could a simple premonition seem
So clear and so apparent in despair,
As if your guardian angel staggered in,
And lit a candle, weeping in the chair...

***

Пепел, от нами сожжённых мостов,
Наземь осел покрывалами гейши.
Из череды мной целованных ртов,
Ваш был - нежнейший.

Пламя, от слепленных памятью, свеч
Тусклой лампадой мерцает без дыма.
Из череды мноюласканных плеч,
Ваши - любимей.

Время врачует, пускай не спеши.
Память прощает, пускай и не даром.
Пепел осел, и готова душа
К новым пожарам.

***

From the bridges we burned, only ash slowly fell
On the ground like a geisha's gray mantle
Of the mouths that I got to know rather well,
Yours was most gentle.

Flames from candles that my memories pressed
Shine, like an icon, with no smoke above it,
Of the shoulders that I had the chance to caress
Yours – most beloved.

Time surely heals, but it's too slow and steady,
And memory pardons, but not without shame.
The ashes have fallen and the soul is now ready
To sear in new flames.

***

Я переехала дорогу черной кошке.
Мы с ней играли в "наперегонки".
Я скорости прибавила немножко
И мимо пролетели огоньки

Ее зеленых глаз. Недобрый свет
Мне вдруг внезапно рассказал о многом.
У черных кошек свой набор примет
И если плачущая женищина дорогу

Ей переедет в полной темноте -
То быть беде...

***

In front of a black cat, I crossed the street.
We played the game: "whoever gets there first"
I pressed the gas and quickly picked up speed
And two bright lights flew by me as I burst.

Her emerald eyes were lit up with suspicion,
And all the mystery was suddenly exposed.
Like people, cats believe in superstitions
And if, at night, a woman drives across

The street, in front of a black cat, in tears –
Then trouble's near…

***

Любовь взаимная короче невзаимной,
Так выбранная молнией сосна -
Обьята пламенем. Горя свечою длинной -
На искры рассыпается она.
 Красивым зрелищем одаривая склоны,
Огонь и дерево умрут в единый час.
А черный куст останется влюбленным
В воспоминание... любовь, сосна, свеча...

***

Love doesn't last as long when it's returned,
So when the lightning strikes a pine, its bark
Is enveloped with flames. And so it burns
As though a candle, crumbling into sparks.
A gorgeous spectacle is cast across the hills, -
The pine tree and the flame, at once, expire.
The darkened bush now recollects the thrill...
The love, the tree, the candle, and the fire...

***

А время будто обратило взгляд назад.
И медленно пошло обратным ходом.
Взлетела в воздух мертвая оса,
Из моря в реку повернулись воды.

Цветок бумажный развернулся в лист
И тает тайнопись на нем бесповоротно
Недолго ждать пока он станет чист.
И успокоится в своем гробу блокнотном.

Уйдут под землю острия травы.
Дождь кончится под барабаны грома.
И мы все чаще говорим друг другу "Вы",
А скоро будем вовсе незнакомы.

***

It seems, the fleeting time came to a stop
And gazing back, reversed its flow, appeased.
The wasp that passed away, burst up
And currents ran up-river from the seas.

The paper flower-bud was flattened to a sheet,
And its cryptography dissolved out in the open.
And soon, its transformation is complete,
And it lies blank, inside the journal's coffin.

And sprouts of grass now shrink into the stone,
The pouring rain now ends, with thunder raging.
And more and more, we choose the formal tone,
And, someday, soon, we'll end up being strangers.

***

Не дай мне, Господи, унизить до
Похабной планки просто ремесла
Свою поэзию, не опусти на дно,
Не дай из рук мне выпустить весла,
Что много лет держало на плаву
Меня и мне сопутсвующих крыс,
Спасающихся на моем плоту
И шанса ищущих мне горло перегрызть.

Не дай мне, Господи, купиться на
Слова льстеца и козни подлеца.
Пусть друг и враг, зоил и меценат
Останутся тенями без лица.
Не защищай от смеха и плевка.
Мне гордость продиктует новых стих
И силы даст для нужного рывка
На шаг вперед к тебе, на сто шагов от них.

***

My Goodness, don't allow me to debase
My poetry to merely art, and nothing more,
Don't let me sink in mire and disgrace,
Don't let my arms release the wooden oar,
Which helped, not only me, but all the rats
That came along with me, to stay afloat,
While seeking shelter on my wooden raft,
And waiting for a chance to bite my throat.

I beg you, Goodness, do not let me fall
For words of adulators and intrigues of villains
Let advocate and critic, friend and foe
Be only shadows, in the shadows hidden.
Do not defend me from their laughter and their spit,
From all my pride, another verse will stem
And give me strength to finally commit
One step to you, one hundred steps from them.

***

Думай обо мне как о пыли -
Существует, но тебе не нужна.
Как о вещи, о которой забыли,
Потому, что поломалась она.

Думай обо мне как о грОшах,
Что покойникам кладутся в гробы.
Думай обо мне как о прошлом,
О котором бы надо забыть.

Думай обо мне как о черствой
Корке хлеба в дюйм величиной.
Думай обо мне как о мертвой -
Хорошо, а лучше - ничего.

***

Think of me as you would of the dust –
It exists, but you're hardly aware.
As of something covered in rust,
Broken once and never repaired.

Think of me as of pennies cast
Into coffins to honor the dead,
Think of me as you would of the past,
That you'd rather completely forget.

Think of me as you would of the hardened
Piece of bread crust, stale and small.
Think of me as of someone departed,
Something nice, - or nothing at all.

***

К черту всё, к черту всё, к черту всё –
Славу, признанье, успех.
Книгу вторую, четвертую,
Пятую, сотую – все!

Будут стихи, будет много их,
Верю в судьбу и звезду.
К Богу их, к Богу их, к Богу их
На блюдечке я отнесу.

***

To the devil, the devil, the devil –
Fame, reputation, acclaim
For my first book, and my seventh,
And my hundredth one, - all the same!

I'll write poems, a whole, whole lot!
I believe in my star and my fate.
Up to God, up to God, up to God, -
I will bring them up on a plate.

***

Мы растворились, будто город призраков
Нас поглотил. Пройдет моя рука
Сквозь сердце безо всяких явных признаков
Прикосновения. Появится строка,
Потянет за собой стихотворение,
Письмо, записку, имя на песке.
Ты, бывший вдохом, ставший вдохновением,
Подвержен ли и ты такой тоске?
Любовь прошла? Нет, видоизмененная,
Она из меда превратилась в клей.
Любивший неземную, приземленную
Сумеешь ли хотя бы пожалеть?

***

We're now dissolved, as if the town of spirits
Had swallowed us. My arm will slowly pierce
Right through the heart, stretched out to its limits,
Without touching it. And so, a line appears,
And pulls a note, a verse, and a narration,
A name that waves have washed into the sea.
Once just a breath, and now an inspiration,
Are you condemned to feel this grief like me?
Did love pass by? No, random and unstable,
It morphed itself from honey into glue.
You loved someone celestial, are you able
To feel compassion for an earthly being too?

***

Ты - мой любимый! Знай об этом. Верь.
Мы встретились, а значит наши рельсы
Исполнили предназначенье. Две
Судьбы, которым пересечься
Не выпадало. Но пересеклись.
И географию судьбы переосмыслив,
Мы своровали маленькую жизнь
У внешней, сверхогромной жизни.
Пусть время черствое вбивает острый клин,
Тем самым разделяя нас все больше.
Мы вместе там, где слом еще един,
Где пыль алмазная скрывается под толщей.

***

You're – my beloved! Doubt it not. It's true.
We've met and this means that the rails
Had served their purpose to the end. The two
Lost spirits, whose long, winding trails
Were not to intersect, still intersected.
Reorganizing fortune, we contrived
To steal a smaller life and pass by undetected,
From the external and enormous life.
Let stale time drive in the pointed wedge,
Thus splitting us, insensitive and swift.
We are together underneath the sledge,
Where diamond dust is hidden in the rift.

***

Одно единственное место где
Я не боюсь публичных слез и поцелуев.
И заблудиться тоже не боюсь.
Вот и пришел отъезда гнусный день,
Что был со дня приезда неминуем.
Ты уезжаешь, я же остаюсь.

Я объясняюсь с клерком точно так,
Как в прошлый раз я с клерком объяснялась,
Обмахиваясь паспортом твоим.
И я хочу сказать ему: "Чувак,
Ну сделай так, чтобы она осталась,
Закрой ворота, вылет отмени."

Сначала разделяет шнур, потом стекло,
Потом людские спины разделяют,
Количественно множась в зеркалах.
И провожающие, выстроясь стеной,
Одни и те же фразы повторяют
На незнакомых и знакомых языках.

Я будто записалась на балет.
Встаю на цыпочки в невидимых пуантах,
Переступаю у тряпичного станка.
Вытягиваю шею и... але
Задевши девочку с игрушечною пандой,
Взлетает вверх нелепая рука.

Но ты не видишь. Умная ладонь,
Смущенная никчемностью движенья
Откидывает волосы со лба.
И вдруг тревоги обжигающий огонь -
Твой силует исчез из поля зренья,
Тебя с собою унесла толпа...

***

The one and only public place where I
Won't hold back tears, afraid to make a scene,
Where getting lost is not something I mind.
The day of your departure has arrived,
And I can't say that it was unforeseen.
You're leaving me, you're leaving me behind.
.

I'll plead the clerk the same exact way I
Once pleaded to clerk when you were leaving,
Holding your passport up to fan my face.
I want to tell him simply: "Listen, guy,
Do something to delay the flight this evening
And close the gate. Don't let her leave this place.

We're separated by a rope, then in the hall,
By windows and by people's backs in line,
That seem to multiply, reflected in the glass.
And those who stay behind, stand as a wall,
Repeating the same phrases every time,
In all the languages I can and cannot grasp.

It is as though I signed up for ballet.
In ballroom shoes that no one sees, I stand up
Onto my toes, side-stepping some machine.
I then stretch out my neck and... start to sway,
I bump into a girl who holds a panda,-
The awkward arm fling ends my short routine.

But you don't see me and my clever palm,
Confused by lack of purpose in its motion,
Throws back the hair strands covering my eyes.
And the alarming fire stirs the calm –
You leave my field of view in the commotion,
And vanish in the crowd's bland disguise...

Но нет, ты там. Таможенный контроль
Прошла, стоишь, себе целуешь пальцы
И ими в воздухе мне делаешь "bye-bye"
А я уже предчувствую ту боль,
Когда через секунду все пространство
Вокруг сомкнется теснотой гроба.

No, you're still there. You're slowly passing through
The customs check, and up ahead, you pause
To wave the last "good-bye" that leaves me gasping,
I can foresee the pain that will ensue,
When, in a second, all the space will close
Around me, as though a funeral casket.

***

Послать письмо: сложить тетрадный лист,
Загладить по изгибам, сделать плоским,
Лизнуть брезгливо клейкую полоску
И крышу дома к стенам прилепить.

(Пишу его – как без огня во тьму
Бросаюсь. В буквы застывают слезы.
Но раз ответ так надобен письму
Могу ли я считать его вопросом?)

Наклеить марку, написать слова,
Как эпитафию на мраморе бумажном,
Конверт, как в лоб дитя, поцеловать
И опустить в голодный синий ящик

(Анахронизм! Давно прошел тот век,
Когда письмо в себе таило новость.
И груз иной теперь несет конверт –
Эмоций тяжесть – слова невесомость.)

Услышать характерный грубый лязг
Опущенного синего забрала.
И знать, что часть меня оторвалась
И стала частью ржавого металла.

А завтра утром по рукам пойдет.
И наслоятся отпечатки пальцев.
И вместе с тем начнется мой отсчет
Любовной математики страдальца.

Так мать прикидывает даты в голове,
Примерно зная день и час зачатья.
В апреле расставляет ситцем платья,
Чтоб в августе родился человек.

***

To send a letter: fold a notebook sheet,
Then, smooth the seams to make the paper flat,
Then, quickly lick the flap and then, proceed
To glue the roof onto the house façade.

(I write – I throw myself into a black abyss.
My tears freeze into letters as they fall.)
If the response is a requirement, could this
Be deemed a question, in the end, at all?

Attach the stamp, and slowly write the words,
The marble epitaph, across the paper cover.
And like a child on the head, kiss, with remorse,
The envelope, before it gets devoured.

(Anachronism! The era has long passed,
When letters carried news across the ocean.
The envelope now bears a different mass –
Of weightless words and burdens of emotion.)

You hear the screeching sound as you close
The navy box, still clutching to the handle.
You know right then, a part of you is lost, -
A part of you has turned to rusty metal.

Tomorrow, I will feel it in my skin,
And fingertips will swell, excited, frantic.
And with that too, the counting will begin, -
The arithmetic of a sad romantic.

It's thus a future mom makes educated guesses
Based on the day and hour of conception.
In early April, she embroiders dresses
Preparing for an August day's reception.

Но выйдут сроки. Отцветет сирень.
Беременная разрешится сыном.
И буду жить я, каждый божий день,
Придумывая новую причину.

...катапультировал поклажу самолет (?)
и клочья белые теперь в лучах зависли (?)
...твой почтальон... был сильный гололед
и он, споткнувшись, обронил все письма (?)...

а девочка, гуляющая с псом
нашла, взяла и прятала в кармане.
а дома высушила мокрое письмо,
прочла, заплакала и не сказала маме...

Зима. Снежинки на руки ловлю.
За книгами просиживаю ночи.
И наконец заветное "ЛЮБЛЮ" ...
Но отчего так незнаком мне почерк?

But time will pass and lilacs fade away.
The pregnant one will end up with a son,
And I will live, construing every day
A new excuse for what was left undone.

… the plane had lost the package on the rise,
And shreds of white now hang among the rays.
Your mailman… the roads were glazed with ice,
He stumbled, losing letters as he strayed.

The little girl, who walked there with her dog,
Picked up the envelope and went on with her errands.
At home, she dried the letters that were soaked,
And wept for me, but never told her parents.

It's winter now. The flakes melt on my skin.
I spend my nights with books, alone and dormant,
And finally, the cherished "LOVE" comes in,
Why is the script so strange to me, so foreign?

***

Все кажется, стянулось и срослось.
Покрылось тонким льдом пренебреженья.
Как мы не пробовали, нам не удалось
Сойти с исходных точек. Приближенье -
Уже не кажется ответом на вопрос.
Но притяжение своих позиций.
Сдавать не хочет. Будто крепкий трос
На поводке нас держит у границы.
И если лопнет лямка, то тогда
Как котики под лед вдвоем нырнем мы.
Пускай в один и тот же день умрем мы
И сбудется последняя мечта.

***

It seems that all grew tighter, interlocked,
Got coated with the thin ice of neglect.
No matter how we tried, we, both, got stuck
In our initial placements. To connect –
No longer seems the answer to our hopes.
But the attraction's force will not concede
On its positions. It's as if a rope
Restrains us, at the border, on a lead.
But if the strap should fail, under ice,
Like seals, we'll freely dive together.
And should we die together - all the better, -
Our final wish will thus be realized.

***

Вернулась старая любовь.
Хозяйкой распахнула душу,
Беспечно отпустив наружу
Томящихся в ней голубков.

Устроила там кабинет,
Записывает все построчно,
Шлет письма с голубиной почтой.
И ждет ответ.

***

The old love suddenly returned,
Opened the soul, as if the owner,
Let out the doves, wedged in the corner,
And didn't seem too much concerned.

She made an office there at once,
Transcribing to the last detail,
And sending out pigeon-mail,
Awaits response.

***

Дал папе целую (по форме как лошадка),
А мне лишь половину (крокодил).
Не потому, что стало целой жалко,
А вкусную со мною разделил.

***

He gave one to his father whole (a horse).
I got just half (a crocodile) from my son,
And not because he's greedy, but because
He shared with me the more delicious one.

***

Неумолимо начинают привлекать
Дистанционно отдаляющие вещи:
Сегодня самолеты в облаках,
А завтра Амазонки берега,
А послезавтра плечи юных женщин.

И все что остается мне теперь –
Разматывать чуть-чуть лассо страховки,
Держать всегда тебе открытой дверь
И жизнь, которая быстрей календарей
Не слишком часто называть воровкой.

***

How clearly and persistently you're drawn
To things that separate us even further:
Today it's planes you're focused on,
Then it'll be shores of Amazon,
And later, young girls' open shoulders.

And I must watch with disbelief –
Let loose the safety rope and try
To open doors through which you'll leave,
And not call life a thoughtless thief,
Which, like a calendar, flies by.

***

Рядом лежу и глажу животик,
Медленно по часовой.
-Что это, мама? -Антибиотик.
-Антибиотик - плохой.

Входит на цыпочках в комнату папа,
Тянется ворот к плечу.
-Что это, мама? -Термометр, лапа.
-Термометр я не хочу.

Падает жар, промокает пижама,
Плавает в ложке морковь.
-Я доктора Луи отшлепаю, мама.
-Отшлепаешь, если здоров…

***

I lay by his side, caressing his tummy,
Clockwise, holding his hand.
- Mommy, tell me, what is it, mommy?
- An antibiotic. – It's bad.

Quietly, into the room, enters daddy.
He leans in, in order to see.
- What is it, mommy? - A thermometer, honey.
- A thermometer isn't for me.

The fever decreases, the shirt is soaked through,
The carrot's untouched on the tray.
- Mommy, I tell you, I'll spank Dr. Lu.
- Get better, and then spank away.

***

Рукой своею, онемевшей кистью
Держу ладошку цепкую твою.
Посуду мыть и отвечать на письма
Мне надо (о стихах не говорю).
В тебе еще ничтожно мало знанья,
Что видишь ты во сне своем хорошем?
Меня, отца, тарелку каши манной
И кое-что из жизни своей прошлой.

***

My hand is slowly growing numb, as I
Hold up your little palm, that is afraid
To let me go. I need to do the dishes, and reply
To countless letters (- poetry will wait).
You've hardly had any experience at all, -
What do you dream of at this very instant? -
Your dad and I, your oatmeal in a bowl,
And something from your previous existence.

***

Он больше не невиннен, мой малыш.
Он научился различать отчасти
Как можно правду сделать клеветой.

Но так неловко польуется той,
Что иногда мне остается лишь
Болезненно лгунишке умиляться

И раскрывать его нехитрый блеф.
"Не может быть, чтобы съел конфеты лев..."

***

My little one is innocent no more.
In part, he learned to recognize the gain
Of turning truth to slander easily.

But he's so awkward in convincing me,
His cuteness simply cannot be ignored,
And I must listen to the fibber once again,

And then expose the conflicts in his farce.
"I doubt the lion ate those candy bars…"

***

Мой сын, не открывая глаз, во сне
Сказал вдруг "мама". Дважды. "Мама, мама".
Мне было радостно, что быть с ребенком рядом,
Когда ему я снюсь, Господь позволил мне.

***

One night, without opening his eyes, my boy
Said "mama" in his sleep. Twice. "Mama, mama."
The Lord allowed me to be near to hear him utter
These words while dreaming of me. O, what joy!

***

На расстоянии моей руки
Протянутой вперед – есть счастье!
Оно не вовремя снимает башмаки
И чистый пол затаптывает грязью,
Пока ко мне бежит наискосок
Просторной кухни с каверзным вопросом:
Печенье?Мячик?Ложку?Грушу?Сосу?
И у меня все есть. И я почти-что бог.

***

The distance of my arm stretched out –
And there's my joy – only a step away!
It takes its shoes off and the dirt falls down
Onto the floor that I had washed today.
It zigzags to the kitchen, with a flood
Of endless questions and an anxious stare.
A ball? A cookie? Binky? And a pear?
I have it all. And I am nearly God.

***

Вот эта теплая щека
Каким-то образом возникла
Путем деления моих
(Пусть и не только) клеток.

И мне разрешено пока
Перед лицом других двухлеток
К обветренным щекам приникнуть
И целовать и нюхать их.

***

This warm and gentle cheek somehow
Came into being through
The splitting of my cells (and
Certainly, some others).

And I'm allowed, at least, for now,
In front of other toddlers.
To press my face to you,
And kiss and breathe their scent.

***

Мне отчего-то страшен темный дом.
В гостиной чудятся мне образы и тени.
Пугает кухни угольная темень.
Дверь на балкон, как в никуда проем.
И коридор - колодец с гулким дном.
И только в детскую, где спишь ты чутким сном
Без страха захожу, тебя целую в темя
И мрак является мне в качестве ином.

***

When it is dark, I do not feel at ease.
There's shapes and shadows in the living room.
The kitchen seems as black as coal in gloom.
The terrace door leads to a dark abyss.
The hallway, too, appears a hollow well.
Only the nursery seems safe. I walk inside.
You're sound asleep. I smile to myself.
And here I see the darkness in new light.

***

И ты, и я, и бабушка твоя
Локтем ударившишь, плохой увидев сон,
Мы инстинктивно призываем маму.
Но в случае твоем – я буду рядом.
А в случае моем – посредник - телефон
Позволит мамою утешанной быть мне.
А в случае ее – больней вдвойне.

***

When you, I, or your grandma hit
Our elbows, tossing through a restless night,
We call out to our mothers, by pure instinct.
But in your case, I'll be here at your side.
For me, - a telephone negates the distance,
And in an instant, I can be consoled.
In grandma's case, - she feels the pain twofold.

***

Я читаю, ты играешь рядом.
Мы сейчас в совсем иных мирах,
Но пересекаясь нежным взглядом,
Узнаю я больше о солдатах,
Ты же об Ахматовой стихах.

***

While I read, you're playing war nearby.
We are in two different universes.
But as we glimpse each other, eye to eye,
I learn more about the soldiers passing by,
You, in turn, about Anna's verses.

***

Ты в детский сад, а я в твою кровать.
(Пускай фрейдист, преодолев свой шок,
Себе найдет забавнее игрушки) –
Мне в сотни крат приятней досыпать,
Сон утренний на тоненькой подушке
Еще хранящей запах твоих щек.

***

You go away to kindergarten - and I fall
Into your bed. (The Freudians should find
More pertinent ideas to assess) -
My sleep becomes more pleasing hundredfold
When on your tiny pillow, I can sense
Some traces of the scents you left behind.

***

Твои в сравнении намного глаже щеки
Моих, уже готовых для морщин -
Веду игру со временем со счетом -
Тридцать один - один.

***

Your cheeks are soft and smooth, but mine
Will surely wrinkle soon, my son –
I keep the score, while playing against time -
It's thirty-one - to one.

***

Я убирая за тобой игрушки,
Сама играю в них. И нечто
Из мягкого оранжевого плюша -
Мой лучший собеседник. Много легче
Ему мне рассказать, что все идет к концу,
Чем, скажем, твоему отцу.

***

And as I put your toys away, I rest
And play with them myself. The one
Made out of orange plush is certainly the best
Companion of mine. It's easier, my son,
To tell *him* that we're drifting farther
Than, say, your father.

***

Ты спал, а я лежала рядом. В мой живот
Бесцеремонно упирались ваши пятки.
У той, что до сих пор внутри живет
Была как видимо назначена зарядка
И ощутим был каждый апперкот.
А ты, наружний, вел ударам счет
И пальцами босыми в беспорядке
Играл набор неслышимых мне нот
На животе моем – большом и гладком.

А я устав, но так и не поспав
Играла с вами в детский телеграф.

***

You slept beside me. And against my side,
The two of you, both, pressed your little toes.
The one, who to this day still lives inside,
Decided to work-out, I suppose.
Her uppercuts, it seemed, would not subside.
And you, exterior, kept counting her blows
And with your stretching legs, you tried
To drum the rhythm to the melody composed
Against my stomach – round, smooth and wide.

Though rather tired, I could not doze off –
I played the telegraph with -and between you – both.

***

Я жду вишневого ребенка своего.
Мой первый был клубничный, ну а этот
Так просит вишни, что унять его
И обьяснить, что вишня зреет летом –
Немыслимо. И вот консервный нож,
Меняя плоскость желтого метала,
Волшебный круг вишневого портала
Мне открывает. И наверно дно
Там все же есть, но размышлять о дне
В момент такой мне видится излишним.
Себе сама кажусь я этой вишней,
А мой ребенок – косточкой во мне,
Которая , придет ее черед,
Покинет плен, дождавшись с миром встречи –
И прорастет, и тоже даст свой плод.
И будет Сад Фруктовый – бесконечен.

***

I'm waiting for the cherry child of mine.
The first was strawberry, but this late-comer
Will not be soothed no matter how I try
To say that cherries ripen in the summer,
And so I grip the opener in my hand,
Cutting the surface of the yellow tin,
Just as the magic portal draws me in
To cherry paradise. And surely, it must end,
But thinking of it ending, I admit,
Seems so untimely and unnecessary.
Sometimes, I think that I'm, myself, a cherry,
The child inside of me - a cherry pit,
Whose long captivity will soon conclude,
To greet the world, so passionate and ardent,
And some day, also ripen and bear fruit,
And thus sustain the Everlasting Garden.

***

Такая нежность есть в твоих руках,
Когда они как лепестки жасмина
Ложатся мне на шею и плечо.
Ты так мала, что до сих пор еще
Мое письмо к тебе не слишком длинно,
Но так прекрасна - что в стихах оно...

***

Your arms become so gentle when they fall
Around my neck, as soft as jasmine petals,
And down across my shoulders, intertwined.
You are so little still, it seems that I
Don't have the words to write you lengthy letters,
And yet so beautiful – I write to you in rhyme…

***

Ты - молчаливая. На ручках у меня
Ты созидательно молчанье сохраняешь.
И я уверена, что также как и я
На слово "счастье" рифму подбираешь.

***

You're very quiet. In my arms, somehow
You're silent, but inventive nonetheless.
And I'm convinced that just like I am now
You're looking for a rhyme to "happiness"

.

***

Большая, теплая, поет.
Зачем-то долго гладит темя.
Усну - и пропадет на время.
Заплачу - на руки возьмет.

И снова ходит, напевая,
Прижав меня себе к плечу.
Еще не знаю, кто такая,
Но и другую не хочу.

***

Enormous, warm, she sings nonstop
And pats my head throughout the day.
I fall asleep – she fades away.
I cry – she comes and picks me up.

And once again, her song persists.
She'll rock me gently till I'm sleeping…
I still don't know just who she is,
But she is certainly worth keeping.

***

Моя судьба к мизинцу твоему
Привязана невидимою нитью.
Идти по суше и по морю плыть я
Могу лишь ей благодаря. А посему
Не отвергай предчувствия, наитья,

Что так должно быть. Смыслу вопреки
Овладевай искусством кукловода.
Ведь мне не нужно большего завода,
Чем минимальный жест твоей руки.
В неволей этой есть моя свобода.

И я пойду, с опаской как по льду.
Заматываясь в нити, будто в платье.
Теряя силы – укрепляя дух,
К тебе не куклою, но куколкой приду
И бабочкой забьюсь в твоих обьятьях.

***

Your pinky and my destiny are tied
With an invisible and frail thread.
Because of it, I am walking on the land,
And swimming in the sea. Do not deny
Your intuitions that our lives are set

As they should be. Rebel against intent,
And learn the powers of a puppeteer.
Since nothing else can wind me as near
As minor, trifling gestures of your hand.
In this captivity, my liberty's appeared.

And I will rise, with caution, as on ice,
All twisted in the threads, as if in lace.
My strength is lost – my soul is vitalized,
Not just a doll, - a dolly, in disguise, -
A butterfly, - I'll beat in your embrace.

***

Не понимая до сих пор, что ты моя ,
Я думаю, как с воровскою хваткой
Схвачу тебя в душистую охапку
И серым волком унесу в края,
Где горы – низки, а озера – мелки,
Где щеки – розовы, а волосы – тонки,
Где безбоязненно садятся мотыльки
На замершие циферблата стрелки.

***

Not comprehending - you belong to me,
I still envision, with a thievish clasp,
How I will trap you in a fragrant grasp,
And like grey wolf, carry you and flee
To shallow lakes, - to where the hills are low,
To rosy cheeks, - to where the hair is fine,
Where butterflies are settling below,
Without fear, on frozen hands of time.

***

Закрыть глаза и к щечке прислониться.
(Дюймовочка в объятиях крота),
Чтоб чувствовать как плещуться ресницы
И пахнет мандарином из рта.

***

To lean against her cheek and close one's eyes,
(As though the mole embracing Thumbeline)
To sense her lashes splashing from surprise,
And how her mouth smells of tangerines.

***

Я лежу, а ты во мне лежишь.
Ты меня толкнула, но не больно.
Я смеюсь: ведь ты меня невольно
В первый раз сумела рассмешить.

Безымянная, под сердцем у меня
Рыбкою аквариумной бьешься –
На любое имя отзовешься,
Были б только нежны имена.

Я как будто сдвинута к хребту
Стражником не знающим покоя
Охраняю спящую в алькове
Незнакомую для света красоту.

Я лежу, а ты во мне лежишь
Продолжает лента Мебиуса виться.
Ноет сладкой болью поясница,
Новую вынашивая жизнь.

Может ли фиалка объяснить,
Что такое полнится нектаром?
Я тебе дарю себя в подарок:
И хранить тебе меня и хоронить.

***

I'm lying and inside of me, you're lying.
You've kicked me, and again, relaxed anew.
I'm laughing: It's the first time you
Had made me laugh, without even trying.

Adjacent to my heart, you're always moving,
Unnamed, as if a goldfish in its bowl -
You will respond to any name you're called
So long as it is peaceful and soothing.

It is as if I'm pushed back to my spine,
As if a guard, for whom all sleep's forbidden,
I am protecting, in her alcove hidden,
The greatest sleeping beauty of all time.

I'm lying and you're lying too, within.
The strip of Mobius continues to unwind.
There is a charming throbbing in my spine,
It bears a life that's ready to begin.

Do violets have words enough to rave
About the nectar that has soaked them through?
Today, I'm giving all myself to you:
To keep me safe, and lay me in the grave.

***

Отселяю доченьку в комнату свою.
Плачу будто доченьку замуж отдаю.
Прячу ее кофточки, шортики в комод.
День придет и доченька от меня уйдет.

***

I'm sending off my daughter to her little room.
Crying like I'm handing her off onto the groom.
All her shorts and sweaters are folded evenly.
One day soon my daughter will be leaving me.

***

Я так привыкла к легкой этой ноше,
Что забываю, что ее ношу.
Одной рукою чищу стол от крошек,
Одной рукой стишок в тетрадь пишу.

Тут рассмеюсь, что борщ пересоленный,
Тут рассержусь на сок разлитый я,
Забыв что на боку висит совенок –
Всему свидетель и всего судья.

***

I'm so used to her weight - I'm unable
To feel her weight when fully immersed,
With one arm, I am cleaning the table,
With one arm, I am writing a verse.

As I laugh when my borsh's over salted,
Or spill juice and worry too much,
I'm forgetting the owlet I'm holding -
The ubiquitous witness and judge.

***

Мы спим с тобой за ручку. И во сне
Гулям вместе под волшебной сенью
Каких-то неизученных растений
В какой-то неопознанной стране.

Как будто подсознанье шепчет мне,
Что повинуясь принципу взросленья,
Ты с рук моих опустишься на землю
И корни пустишь вдоль моих корней.

И вырастешь. Сначала до колен,
Потом по пояс, по плечо, по брови
А после этого с тобой мы будем вровень,

А там, глядишь, под нашею листвой
Росток зазеленеет новый – твой.
И будет этот лес благославен.

***

We dream together, lying hand in hand,
That we are walking underneath the cover
Of magical, unstudied plants and flowers,
In some remote and undiscovered land.

I've only now begun to comprehend
The aging process through subconscious powers,
As you are lowered to the ground, I discover, -
Your budding roots, among my own, expand.

You'll reach my knees and grow incessantly,
Up to my waist, my shoulder and my brow,
You'll grow, someday, as tall as I am now.

Just wait a bit, and before long, of course,
Beneath our shade, there'll be a sprout - yours.
And may these woods forever blessed be.

Victoria Roshe

Born in USSR, Victoria Roshe now lives in San Jose, California. She is a musician and a teacher of music. The sense of rhythm and melody is one of the traits that gives her poetry a very unique and haunting feel. She has published two poetry books in Russian, Привкус боли and Маленькие Стихи.

Andrey Kneller

Born in 1983, in Moscow, Russia, Andrey was ten when his family immigrated to New York City. Fluent in both languages, he started to write poetry in English and to translate Russian poetry at the age of 14. Among others, he has translated the works of Alexander Pushkin, Vladimir Mayakovsky, Marina Tsvetaeva, Anna Akhmatova, and Boris Pasternak.

Printed in Great Britain
by Amazon